LÉON-PAUL FARGUE

—

POÈMES

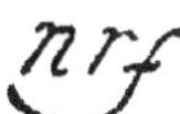

EDITIONS DE LA
NOUVELLE REVUE FRANÇAISE
MARCEL RIVIÈRE & Cie
31, RUE JACOB. PARIS

À Jean Royère.

son ami.

Léon-Paul Fargue.

POÈMES

LÉON-PAUL FARGUE

———

POÈMES

nrf

ÉDITIONS DE LA
NOUVELLE REVUE FRANÇAISE
MARCEL RIVIÈRE & CⁱᴱCie
31, RUE JACOB, PARIS
1912

IL A ÉTÉ TIRÉ A PART
20 EXEMPLAIRES SUR VERGÉ D'ARCHES,
RÉIMPOSÉS ET NUMÉROTÉS
A LA PRESSE

A MON PÈRE,

A MES AMIS PIERRE HAOUR & VALERY LARBAUD

SONT DÉDIÉES CES ÉTUDES.

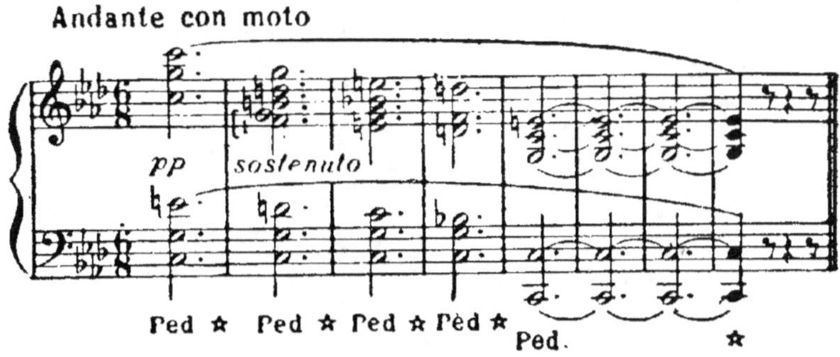

CHOPIN

Pourrait-elle s'ouvrir encore l'aube, bleue comme des ailes de Morphe, où bâillait l'étrange passage, au tournant d'un mur, avec son escalier sonore, et nous parlait bas de sa bouche d'ombre ?.. Un oiseau s'y campe. Il dit : Myrtis — avec douceur..

La rue est triste comme une porteuse de pain congédiée, et toutes les maisons ont leur tablier gris.. Là-haut les marches vieilles et caves touchent ce ciel songeur qui est le front de toutes choses.. Un quinquet penche sa tête creuse où brûle encore, comme un rappel de fièvre au soleil neuf, la huppe d'une pensée, d'une vieille pensée qu'on n'a pas tuée..

L'aube se hausse pour mieux voir.. Et de vieux murs se sont rajeunis !.. La pie qu'on a oublié de rentrer et qui a passé la nuit à la fenêtre nous le raconte en balançant sa cage. De l'autre côté du siècle, tant de cœurs sensibles sont morts dans une ombre rouge.. Et par-delà l'aube qui souffre un peu de ma jeunesse est morte...

Toutes choses paraissent malades et heureuses.. Au front d'un palais, plus haut que les toits touchés d'or, une grande horloge rose pâlit comme un visage.. Les pavillons, les palissades et les petits jardins qui grimpent la côte ont dormi debout, comme des bêtes.. Un peu de verre cassé par terre envoie comme des rais de larmes, des grosses larmes de la veille..

En bas, dans la rue couleur de perdrix, des passants, les premiers du jour et les derniers du soir, enjambent les corps couchés de l'ombre..

Le fantôme de Dominique est nerveux d'un bonheur où il pense à bâtir une petite maison claire, dans un endroit brillant de sel, sur une côte exposée aux vents du large.. Dominique. Enonce un chant d'oiseau calme. Une cloche sonne. On appelle encore. Myrtis passe..

Car, sur son toit d'or, l'oiseau gonflé d'un chant froid se prend à dire : Elle t'aime...

De la tendresse — et de la tristesse pour que tu m'aimes davantage.. Mais les jours où mon cœur écoute, il me semble que je ne t'ai rien dit encore.. On déborde en secret d'une chère présence.. On la contiendra plus tard, peut-être.. Il y est, le dernier mot de nous-mêmes. Il est dans la Chambre noire, il y dort. Mais comme une épreuve qu'on révèlera sans doute un jour.. Il est couvé par tous les cœurs. J'ai longtemps rêvé de le dire..

Certaines grandeurs et valeurs.. Je ne saurais te les exprimer que par la musique, ou par des noms propres remplis de tendresse... La musique dira ces mots de lumière pour lesquels sont faits tous les autres, qui les coiffent de leurs feuilles sombres.. Elle passe d'une valeur à une autre, sur un fond de mer aux tons sourds qu'on sent là, derrière toutes choses.. Les pensées se disputent des fantômes qu'elle masque, et dont notre âme est la forteresse. Elle protège des secrets qu'entoure sa course. Le Destin s'en sert pour t'étourdir. Azraël ébranle à coups sourds des portes lointaines sans que tu l'entendes. L'heure qui remue du feu pour tant d'autres et remplit des regards que nous ne savons pas voir, tombe d'une chute grêle dans ses eaux chantantes...

Les Héros n'ont que leurs joies mates de bataille et de théâtre. Les bruits les serrent aux oreilles comme des guides, leur relèvent la tête et l'empêchent de retomber sur leur poitrine. Mais nous ! Tant de paysages gonflés de musique l'échangent avec celle que notre âme pense.. Un signe amical brille au ciel.. Un piano s'allume.. Une femme chante.. Des harmonies qu'on cherche et qu'on tâte ornementent des voix étranges.. Elles semblent venir d'un autre astre.. Et nos pensées tremblent au bord d'un abîme...

Souvenirs d'un passé qui dort dans une ombre si transparente.. Des intimités insaisissables qu'on se croit bien seul à connaître et dont on voudrait enchanter les autres.. Certains regards. La voix d'un être cher. La gaucherie d'une âme ardente.. Une inflexion familière très douce et bien humaine...

Des yeux qu'on revoit parmi vingt ans de

souvenirs, dans une rue grise, un jour de promenade. Du soleil sur un peu de paille, devant la porte d'un malade..

Un regret sobre. Une parole d'un chagrin vague.. Un nom touchant qu'on n'arrive pas à retrouver.. Tout ce qui porte une chanson triste au bord des lèvres.. Et ce mutisme avant les larmes...

.. Le retour, un soir, dans un quartier où l'on a vécu jadis. Le tremblement de la voiture entre des arbres.. L'odeur d'une avenue frissonnante où il a plu.. L'odeur d'un chantier, sépulcrale et tendre..

Un geste passe dans une fenêtre éclairée très tard, tout en haut d'une maison qui se reflète dans un fleuve.. Le grondement lent d'un train sur un pont de fer.. L'adieu long d'un remorqueur.. Et la persistante vision de ce coin de faubourg où la vieille maison que j'ai tant aimée ne me connaît plus. Rien qui bouge à ses vitres. Un boutiquier maussade y tourne et pèse. Elle est sans regard, elle est sans rêves. Et il n'y a même pas de lumière à la fenêtre où j'ai songé..

J'allume pour nous deux les lampes.. Une parole heureuse, un visage de femme, une fenêtre

brûlante, des voix connues passent et se brisent..
Ah je voudrais serrer tous les souvenirs sur ma
poitrine, en bouquet, pour te les offrir. Mais ils
sont lointains comme des signaux. Signaux du
soir, avec leur douceur menaçante.. Fanaux des
trains et des bateaux, qui ont toujours ce regard
triste.. Signaux d'amour, tendres et fins comme
des cœurs à la fenêtre.. Signaux du ciel, un peu
perdus, comme des fleurs dans un champ d'ombre...

De beaux accords plans se recouvrent. La mer
qui remonte. Un rayon de Chopin m'arrive — et
fait la lumière où je veux m'étendre — sans
plus rien dire — avec un ami qui sache tout de
moi-même, qui me reproche tout — et qui me
pardonne..

Mauvais cœur.. souffle une voix nocturne. Et je songe à l'enfant que j'ai frappé jadis, dans un jardin d'automne tout encagé d'or. — Ce fut un jour étrange, en vérité. Le soleil donnait sa langueur à tout. Des conseils d'amour et de mort parlaient par les bruits les plus vagues. On avait envie d'embrasser les beaux enfants qui jouaient dans les parcs, auprès des jolies mères, ou de les frapper..

Nous courions sous des arbres très hauts, bien pris dans la lumière, et qui secouaient parfois leurs chaînes de songes, de toute leur taille, à grands bras tristes.

.. Le vent remuait ses bras forts pour aller tourner plus tard, ailleurs, une ronde sableuse en forme de crosse, avec un bruit fin et qui se calme.. Un parti de folioles traînait s'enfuir sur les paumes tièdes de l'air si dense qu'on eût cru le

voir.. De l'autre côté de la scène, fermé d'une
porte épaisse et sombre, une rue pleurait sa
chanson mate. Une balançoire qu'on venait de
quitter glissait la plainte d'une bête qu'on tourmente..

Il n'y avait personne à portée de nos voix, je
crois.. Le cher enfant. Je le vois encore avec une
fixité exquise et terrible, assis sur un banc de
pierre, songeur et penché, dans son petit costume
marin au béret et à l'ancre d'or, et tel qu'au jour
d'angoisse où je frappai sa bonne figure...

Je le cherche. Et je pense à lui dans les fêtes
qui fermentent, et dans les foules crieuses, et
dans les rues grasses, plus longues au loin des
baies des lumières, où des ombres rêvent sur les
flaques, jambes ployées et jointes, sous le poids
d'un souvenir qui leur saute aux épaules comme
un mauvais singe.. Il est des pensées qu'on sent
qui se cachent derrière toutes les autres. Et il n'en
arrive de nouvelles que pour elles, qui bouchent
par instants les clairières jaunes où la mort est
lasse de montrer sa figure trouée comme un liège...

L'Enfant dérange la nuit chaude.. Les yeux de
l'orage éclairent sa forme. Il saute sur la grille
d'un arbre. Il accourt dans l'odeur d'une avenue

plantée d'ailantes où des phalènes battent comme des paupières.. Les soirs où je prends ma part d'une fête, j'ai envie de partir tout de suite quand j'y pense, de courir dans un quartier pauvre, et d'y souffrir dans un coin sombre.. Et il m'arrive de rêver que je le retrouve, homme enfin, noir et bête, abrupt, indolore et cruel — et qu'il est beau, et fort, et riche, dans un endroit de plaisir, avec une cravate indicible, et que mon pauvre vieux remords ne lui arrive pas à l'épaule..

Sur les fausses portées d'un bar, après des kum-
mels et des Old Judge, des coupes de couleur
contiennent Puck, Ariel et tout le Songe..

.. Une femme en costume tailleur, aux traits
parfaitement décidés et froids, sans un bijou.
Deux marchands lourds, d'une encolure de buffles,
les doigts pleins de bagues, un énorme fer à
cheval aux caillots de la cravate, excitent mal son
sourire par des grimaces grasses, vivantes comme
une foule..

Une aigre musique énerve et tisonne.

Quelque chose, un bras de blancheur qui passe
et sort des grands lacs du Songe, va toucher des
ronces dans mon cœur obscur. Et ma voix crie !

Ma vie ! J'ai voulu t'embrasser sur la bouche.
Mais tu t'es reculée en me soufflant par dérision
dans la figure. Ainsi les enfants des champs soufflent les chardons, comme des chandelles..

Tu m'as fait semblable au mendiant des routes:
Il ne voit plus bien clair. Et puis le soir tombe. Il
a cru voir, de très loin, quelque chose au tournant
de cendre bleue, par terre.. Un fouet peut-être. Il
se baisse. Et il ramasse un serpent..

J'ai été l'enfant qui tombe, et qui se fait très
mal, et qu'on relève avec une gifle..

Ma vie tu m'as chanté tous tes mensonges..
Tu m'as créé à tes images.. Et je tournais au
milieu d'elles comme dans ces boutiques fameuses
que de grands jeux de glaces creusent profondes.
Telle, je t'ai acceptée. J'ai accepté l'habitude. Et
j'ai aimé. Je n'en parlerai guère. Je ne vante pas
ce que j'ai. Je suis chez moi, peut-être..

Ta religion parle en moi d'une voix forte..
Ma fenêtre : Sa croix sur la chasuble d'or.. Une
étonnante forme d'amour, la Diane de Goujon
flatte ma pensée.. Mais je vois plus près, sur une
poitrine de femme qui brûle sur place d'une
flamme mate, un pendentif d'émaux sombres,
comme une grappe d'yeux crevés remplis de
larmes...

Est-ce Toi, dont je revois le regard ailleurs,
hardi comme un pont sur un gouffre d'eau
sombre ? Ton cou si droit, serré du collier, flambe
tes cheveux comme une fumée grasse. Ton rire

triste au bas de mon ciel passe encore, comme un grand ibis dans le crépuscule.. Mais d'autres regards sont plus tristes, en prison sur le ciel d'un soir, dans un buisson trouble où des chenilles dorment sur des baies d'un bleu pâle..

Mes souvenirs.. Je les tiens. Je n'ai rien dit. La nuit est belle. Pourquoi se serrent-ils ? N'aiment-ils plus comme autrefois les grands espaces qui arrivent ?..

De chères voix vont de la Cave au Paradis... L'heure éloignée sonne d'une voix naine. Sous la lumière basse du soir, derrière une palissade, on prononce à mi-voix des noms de choses vivantes et mortes.. Et je revois les yeux lointains de ceux qui pleurent mes fautes. Et je revois dans un vaste éclair de chaleur, comme un secret qu'on laisse échapper, la grande figure affreusement blessée de quelqu'un qui m'aime..

Sache souffrir. Mais ne dis rien qui puisse troubler la souffrance des autres.. Rien qui puisse les distraire. Rien qui fasse qu'ils se retournent sur la route bleue.. Rien qui les accroche un instant sur l'immense courant chantant qui les entraîne vers la chute...

Un soir, j'avais trouvé — il me semble que j'avais trouvé — une chose, pour être heureux.. J'y pensais dans une rue noire et grasse, à la rampe infinie de lampadaires, et telle qu'un grand rire silencieux et sombre.. Aux vitres d'un bal, une musique d'étoiles filantes.. Par instants des accords brillaient plus fort.. Mais on les cachait pour que je fusse seul encore.. Et la Mort y passait sa figure de trèfle.. Et j'en caressais mon rêve...

Vaincrais-je enfin les figures légendaires qui montent l'escalier des mythes ? Oh, je veux ployer celui qui me fera vivre, dans la gloire des villes, devant ceux qui me dévisagent, ou dans le silence qui plane et brûle de toutes ses lampes !..

On dit : qu'il cache une partie de sa vie. D'autres se demandent de ses nouvelles, non sans frémir de la tendresse bizarre qui remplit le nom qu'ils prononcent.. Une bouffée de musique, une odeur passent.. Ils se séparent. Leurs regards s'éteignent. De l'autre côté des maisons et des livres, de l'autre côté des pages de l'air..

Un homme par instants s'absente : Un spectre l'a pris d'un geste invisible. Il le conduit maintenant du côté où le ciel sera le plus sombre, tout à l'heure.. Il aime à descendre dans la ville, à l'heure où le ciel se ferme à l'horizon comme une vaste phalène. Il s'enfonce au cœur de la rue comme un ouvrier dans sa tranchée. Le ciel — on croirait qu'il recule devant les fenêtres et les vitrines qui s'allument.. Il semble que tous les regards du soir s'emplissent de larmes.. Comme dans une opale la lampe et le jour luttent avec douceur..

Des conseils s'écrivent tout seuls et s'étirent en

lettres de lave au front des façades.. Des danseurs de corde enjambent l'abîme.. Un grand rouet d'or dévide son cœur aux crocs d'un buisson plein de fleurs. Un acrobate grimpe et s'écroule en cascade.. Des naufrageurs font signe à d'étranges navires.. Les maisons s'avancent comme des proues de galères où tous les sabords s'éclairent.. L'homme file entre leurs flancs lourds comme une épave dans un port...

Alors, sa pensée s'ouvre avec force : Une crique froide et bleue qui se réchauffe. Tout l'immense bruit discord qui s'accorde. La marée qui monte. Le marbre d'une première lame qui se brise : Elle bâille et s'étire comme un grand fauve. Elle roule se creuser haut et loin comme les hautes vagues sur un front vaste..

Tout y a la grandeur des corps monstrueux d'avant le déluge.. Elle a des gosiers de grottes basaltiques. Elle a des prie-Dieu sans Christ ni lumière où les vagues des songes s'agenouillent.. La tiédeur d'un volcan mal éteint s'y traîne.. Et de hautes verrières crispent leurs serres sur son ciel, d'un bleu de regard intérieur, fumé comme un ciel de citerne..

Il marche ! On lui dénie les droits les plus humbles parce qu'Il n'a pas de citadelle.. Son âme ne peut pas garder la chambre. — Il faut qu'il marche au-devant des autres pour faire les grimaces et les échanges. — Il suit des pensées tumultueuses. Elles se battent devant lui comme de grands chiens noirs. Et il se surprend à courir quand les unes sautent plus haut que les autres !

Dans l'ivresse de la marche, il noue d'étincelantes conjonctures. — Il parle à des ombres qui lui parlent. — Les glaces reflètent ses faciles franchises. — Il fronce les sourcils, ramasse quelques gestes près du corps, se serre la main de l'autre et jette un regard maître : Comme d'autres hommes qu'il rencontre, aux figures jaunes de l'habitude.. Il sait trop que c'est tout ce que recouvrent ces grimaces qu'ils appellent vivre, et qu'il lui faut feindre ce qu'il dédaigne. S'il ne consent pas à mourir.. Et il bouche à coup de mensonges les crevasses qu'il rencontre et qu'il enjambe..

Il y a bien longtemps qu'il n'a pleuré, je pense.. jusqu'à ce qu'une main d'ombre le serre à la gorge et l'arrête au bord de sa vie béante...

Des enfants jouent et crient, doucement, dans un square étroit et noir, au crépuscule. Des ruelles serrées, sans oreilles, des murs criblés se consument. Des cheminées s'ennuient contre le ciel de haute lisse. Dans leurs chaînons de fumée grasse, on lit des foules qui dégorgent..

.. J'aime chercher dans vos faubourgs ces yeux de l'Inconnu qui me sont familiers...

D'entre les nuages, un coup de lumière déclare un visage. Il touche de vieil argent les lointains des rues, debout comme des faisceaux de grêles branchages d'où l'ombre des nuages glisse et dévale. Il remue le bras sur un homme en nage, tout petit et tout pâle, avec une grosse veine au milieu du front et qui traîne une voiture très grande. Il frappe sur un terre-plein des filles qui discutent. Il lave dans une rue grise une façade de bain tristes.. Il baigne de petites places mal pavées où courent des enfants et des poules très libres, autour d'une fontaine colletée de fer, entre des causeries de femmes qui cousent..

Mais les premières lampes font rougir le soir comme un visage.. Le square n'est plus qu'une cage ouverte et vide et s'endort avec douceur d'un sommeil de femmes assises.. Une vitre s'étend, comme une tache d'huile, dans un coin d'ombre pelucheuse.. La joue pâle d'une horloge s'anime entre les arbres maigres qui coupent sans dureté ma route et clignent contre les lumières..

Toute une station de voitures s'ébranle avec lenteur, comme une file de crabes, et s'allume..

Sur un pont de fer cillent des fanaux délicats et tristes.. L'énorme fumée d'un train se morcelle dans le crépuscule comme un lâcher de pigeons mauves..

Au rond-point d'une fête, un manège roule sa meule au son d'une vieille chanson d'un tour mélancolique et raisonneur et que grasseye un orgue qui a mal aux dents.. Des baraques saignent comme des quartiers de viande. Un maillet retombe. Une sonnerie se détord, interminable.. Par groupes gourds, des soldats vont aux filles comme les scarabées vont sur les roses..

Une rôdeuse bat des bras, saute à reculons et chante devant la porte d'un hôtel où le gaz s'éveille en sursaut dans sa cage ronde ! Elle surveille au loin des drames que nous ne pouvons pas voir, comme on regarde un naufrage de la berge..

Tout le baptême de la journée, la violence des enfants si près de la fièvre, les cris des petites filles nerveuses, et leurs marelles, et leur tristesse, et leur joie obscure et terrible ont fait venir le soir, peut-être.. Les légions vaincues dans les défilés, les vainqueurs fourbus reviennent des bois sombres.. Le fleuve en parle sous les vieilles arches à d'obscures choses qui passent.. Un tram-way électrique, d'une vide et vaste lumière, longe le grand cimetière avec un léger bruit qui chante et fait penser à des voyages...

Et comme lui ma pensée chante, dans l'ombre, d'une voix basse et triste et qui vient des vieux jours...

Dans la rue qui monte au soleil morne et grand ouvert, des voix conseillent qu'on s'accoude aux fenêtres pour voir passer les trains de luxe, au bord du ciel, à droite, par-dessus les arbustes du jardin de la gare. Un train écume et se rendort.. Des musiques diffuses rôdent.. La vie antérieure émerge et chuchote..

Villes de songe, lorsqu'on pense à vos noms plaintifs, on prête l'oreille.. Il semble que des voix longues vous hèlent par-dessus les barrières et les chants des âges, et que des odeurs, comme des veilleuses, et que des fougères d'étoiles s'allument.. Il semble que vos ruines tremblent sous leur châle de lune, et que l'horizon bouge, au plus profond des nuits repues de silence, d'une lente pluie de larmes...

Mais j'en sais bien plus de cette pauvre ville.. Vous venez comme moi, sans doute, sur une place, y chercher le spectre d'un vieil amour ?

Dans les Forges couchées à l'Est, aux corps de femmes nues et roses, des formes se hâtent avec une sûreté ancienne. Les Hauts Fourneaux de Bieulles flambent. — Depuis le canal d'or où l'écluse trempe solidement dans l'émail chaud, jusqu'à l'horizon lourd, barré des sourcils des stratus, où se terrent d'autres songes, l'allée de peupliers rame sans frisson, comme à la parade et d'un geste infini...

Passe le pont. Des porteurs encombrent la rue.. J'allais la dire. L'œil cerné d'un quinquet tourne là sa rousseur.. Les beaux regards et les bras nus de Carmen et de Juliette glissent aux fenêtres.. Celles qui battent leur quart sous les hangars détournent les partants de leur voyage.. De vieux murs tournent le dos à ces gaietés..

Tu passes sous une voûte brillante de salpêtre. Tu trouves des cyprès bien grands et noirs sur une place vaste et vide que le couchant touche d'ors calmes.. Elle est ceinte d'escaliers rouges, comme l'âtre du crépuscule.. Ils exhaussent des boutiques touchantes aux modes désuètes, et d'autres, aux jupes de femmes pauvres, et d'autres fermées, étroites et grises d'usure, qui ressemblent à des signets de vieux livres..

Plus tard, il semble que les rues s'enfoncent au

devant du soir comme un orphelinat qui rentre..
Un piano pense avec lenteur.. Alors, au fond de
vieilles impasses, béantes comme des muets qui
voudraient parler, bat l'étrange lumière des cœurs
humbles et troubles.. Et tout était doré et mort
dans la vitrine de l'horloger pauvre...

Mais dans une rue qui a un nom d'oiseau triste,
demeure et sourit, jour et nuit, l'éternelle Myrtis
au clair visage.

Cinq-Ponts ! Le train crie d'une voix si longue
— qu'on se prépare pour la ville — qui est un
peu plus loin et qui est plus sombre.. On peut
bien s'y tromper. Car ce n'est pas la ville. Il y a
deux stations encore. Il y en a une qui s'appelle :
le Gouffre. Mais c'est bien grand. Et si on n'est
pas prévenu, on s'égare..

Mais le train crie aussi que de grandes choses
se préparent.. Prends garde. Les trains se détournent.. Et les regards qui te réchauffaient vont
s'éteindre.. On ne sait pas ce qu'on attend, dans
la ville.. Comme il y a du monde sur les quais de
la gare..

Dans une heure d'été béante et blanche, avant
l'orage, au moment de stupeur où le feu du ciel
prend à pleines mains l'orgueil des villes par tous
ses dômes, comme on prend une tête chère, et les
regarde avec langueur, n'as-tu jamais entendu
monter d'entre les clameurs des hommes et des

matières qu'on tourmente, une plainte anxieuse
et lointaine ?..

Je ne sais pas ce qu'on attend, dans la ville..
Et le train crie aussi qu'il est triste que des hommes
y demeurent, et triste aussi que d'autres, sans un
regard, passent.. Tout y convoque les fantômes
des aimés qu'on délaisse, des timides qu'on blesse
et des faibles qu'on abandonne.. Là comme ailleurs,
la vie dure.. mais le bonheur, le bonheur..
Cherche-le sans orgueil, Gygès.. Où retrouver
l'endroit charmant d'imprévu, presque tendre,
qu'il vous semble avoir connu dans une autre
lumière, et où il faudrait être dans le moment où
l'on y pense ? Là sans doute il en est une qu'on
ne fera jamais fleurir.. Ils vivaient là, peut-être,
les beaux yeux qui vous attendront toujours...

Comme cette avenue qui mène de la gare à la
ville est longue. Un tramway à petit toit emporte
sur un rail qui mène aux grilles d'un Fort, des
ouvriers qui baissent leurs figures où l'ombre tient
tant de place, et des femmes avec leurs paniers et
leurs fichus tristes.. Une vieille assise par terre
sur de la paille loue un soupirail qui s'ouvre à côté
d'elle à des tâcherons qui arrivent. Une fontaine
soliloque.. Un soldat boit avec emphase au guichet
de vitres d'un kiosque, servi par une jeune femme

attentive et sérieuse.. Un café-concert s'enlève en baldaquin de verre sale contre des fumées d'usines..

Ce soir, tu chercheras la fée et la chanteuse aux carrefours où brillent leurs sorties secrètes. Tu les verras tourner dans leur porte à miroirs, avec le chat qui tend sa traîne pour t'offrir la double coupe d'un regard où dort quelque philtre de lune..

Oh la douceur de voir un souvenir encore ajouter sa main pâle, avec un bruit de lustre, à toute la guirlande.. Douceur de se promener seul, entre son problème et l'heure attentive, dans cette ville de songe et d'après-midi grise...

Une tenture enfin semble filtrer cette lumière et cette musique obscure qui reculent sans cesse au fond des salles où l'ombre s'étire..

Prends garde. Ne laisse pas fleurir de bruit ni de parole. Et sache mériter les fantômes qui ne te viennent plus de tes songes..

J'écarte d'une main peu sûre la frange sombre et d'une douceur troublante. Elle brûle et s'enlève! Et je vois la scène..

Un bal traîne sa robe aux ossements du parc. Un lustre de larmes plane et bat comme un grand fulgore. Je vois passer des portraits d'amoureuses. Je vois passer des inconnues que mon adolescence aima. Mais rien pour moi ! Ces beaux visages, si pleins de toutes ces choses de la vie que j'aimai tant, m'ignorent. Et les yeux et les dents glissent contre mon ombre avec un dédain pâle..

Ho ! Qu'y a-t-il ? La rampe lumineuse monte.

Les vapeurs du parc se résolvent. Un cratère de musique s'ouvre. Les tables chatoient de mets fleuris. La croûte d'un masque tombe : Une bouche bien vivante mord la mienne. Une main inquiète et dont les bagues me blessent m'entraîne dans la danse !..

Dans les villes jaunes sur un ciel d'orage..

On parle d'amour derrière une porte.. Une vitre
où bouge et s'allonge une figure pâle.. Une lucarne
où des fleurs brûlent d'une flamme douce. Une
ruelle où l'odeur d'une étable vous lèche..

Dans un quartier de cours sombres et de fon-
taines où je rôdais seul dans l'odeur du soir —
j'ai vu les Vieilles. Elles groupaient leurs têtes aux
barreaux des fenêtres basses. Leurs yeux brillaient
de malice obscène. Ils semblaient tourner dans un
bain d'huile. Un rire plein de charbon tirait leur
bouche. Une d'elles me désignait d'un gros pouce.
Une autre un peu en retrait semblait souffrir. —
Je distinguai les Parques, la Belle Heaulmière et
la sorcière Sycorax. D'autres faisaient marcher la
machine à laver, comme dans l'hôpital de Pairis
du Lac Noir..

Quand elles sabotaient dans le crépuscule, une
chauve-souris battait d'une vieille paupière et

s'éventait.. Les bêtes torses des pavés se coulaient dans quelque fissure. Sous les auvents, les nids battaient de pulsations rapides. Un oiseau traversait le ciel où les tours du couchant brûlaient. Tout un bûcher barrait l'impasse..

Une pompe comptait dans son auge de pierre. Un gros rat pointa dans la brèche d'une porte, d'une tête tremblante.. Un chat rampa le long d'un mur comme un flocon de fumée grasse..

Qui est là ? dit une voix tremblante derrière une grille..

Une plainte arriva du large. Une étoile fixa le soir..

Ailleurs, on attend les aimés par la voiture.. Des bruits de cuisine sonnent. Le grelot d'un cheval danse dans la rue voisine. Toutes les voix calmes chantent à la ronde, égoïstes et douces..

Mais le soir m'emplit d'une ivresse étrange. Et je rôderai dans les cours sombres...

Le boulevard défile et bâille.. Un train crie
derrière les haies..

Des filles en couleurs fortes cousent et attendent
aux portes des bouges. Au bruit des pas noirs qui
arrivent, leur regard tourne comme un astre..
Germaine et son amie traînent contre une palissade,
au bout d'une rue vide, sous le temps couvert..

Souviens-toi des hôtels que ferme à mi-porte
une barrière peinte en rouge où tinte un cornet
de fer, dans quelque ruelle où les maisons haussent,
comme une coupe de jade au bout de mains sales,
un pan de ciel crépusculaire..

Les murs s'observent avec la lassitude de vieux
partenaires, et comme les éternels vis-à-vis d'un bal
pauvre.. Des loques ricanent sur des cordes, aux
fenêtres. — Les coins recèlent d'étranges visages.
J'entends des fins de scène et des yeux fixes me
défient..

Des enfants piaillent dans l'ombre et tombent :

Une voix grondeuse les relève. — La ruelle est si mal pavée que tout le monde a l'air d'y boiter. Le dos d'une vieille tourne au bout d'un passage... Un chat débuche — et c'est deux pastilles de lune...

Le ciel se fonce entre les murs comme une grande fleur, là-haut, dans un vase de fer.. Un quinquet de travers, couleur d'oignon brûlé. Son maigre bras: Son tintement l'allume.. De courtes flammes bleues pointent dans les cuisines.. Des échoppes s'éclairent, baissent et tremblent...

Une fille ouvre sa fenêtre. Et je vois sa lampe, coiffée de rose, comme un long flamant debout sur une seule patte..

Rappelle-toi nos descentes sourdes dans les escaliers jaunes où flue l'haleine des plombs sans couvercle ouverts sur le soufre des cours, les rais du ciel dans une gouttière, le coin bleu d'un toit où un tuyau bave, et cette femme au casque sombre, aux jambes gantées de bas rouges, et ton cœur qui battait quand tu prenais la fille — et les soldats qui longeaient le chemin de fer — et ce regard d'une femme à sa fenêtre — sage et lourd comme du raisin noir...

Sur le trottoir tout gras de bouges aux carreaux brouillés, des filles qui semblent de garde contre un terrible mur de réclames, se signent lorsqu'il fait des éclairs. Quelqu'un d'invisible siffle et se hâte..

La bande éclatante d'un bar à musique éclaire des spectres qui attendent..

L'ennui s'endort dans ses palais qui soufflent leur haleine chaude..

Des pensées incomprises, des amours pauvres et des idylles depuis longtemps en marche frôlent les boutiques fermées et sombres..

Du côté des remparts souffre une seule lumière..

Une ruelle délaissée dans les terrains vagues reste obscure

Où l'amour blessé chante et se traîne

Et regarde de toutes ses forces l'image déchirée du soir...

Sous des hangars, de puissants moteurs font de grands gestes sur les murs. Des hommes obscurs allument leur fête derrière la baie vitrée qui tremble..

Une branche de canal fuit sous les lampes. Les arcs voltaïques y bercent par instants de grêles escaliers d'argent.. L'arche d'un pont semble monter comme une trombe.. L'écluse embouche, par ses hautes portes grinçantes et criblées de blessures, les longs clairons de l'eau stridente. Elle tord et cambre au vent sa crinière..

J'aime entendre encore longtemps sa grande chanson crevée et fraîche...

La gare se dressait contre une forteresse en fête
aux portes flambantes. On entendait gronder l'orgue. — La guerre était déclarée. — Depuis longtemps les miens se détournaient de moi. — Depuis
quelques heures l'aimée n'était plus avec moi sous
ces arbres. La veille on m'avait condamné à rester
seul.. Et j'avais encore une côte à gravir..

J'avais dû me séparer de mon vieux cheval. Il
m'avait longtemps cherché dans la nuit, frappant
du sabot contre les massifs du palais des Ducs. —
L'aube parut. Je rôdais sur une place bruyante où
les départs posaient leurs sacs.. Des machines
écornées contre un bois que longeait la route se
découpaient sur un ciel en larmes..

Tout le paysage, autour de la gare et du fort,
était d'eau et d'herbes. Des pêcheurs vigilants et
tristes surveillaient le cours du ciel et du fleuve..

On allait passer les ponts vers la guerre.

Nous sortîmes par une fête foraine, dans une odeur d'acétylène, de graisse d'armes, de fusils et de gares, avec des souvenirs de chansons parisiennes, de catastrophes et d'amour frémissant sous des temps couverts.. On plaçait déjà des hommes à leur poste. — Ils demeuraient là, droits et immobiles, chacun contenant sa peine comme un vase une plante sombre. — Ils suivaient parfois du regard un ami qui vous abandonne, et tous les yeux se perdre au tournant de la route.. Et ils restaient là, droits et immobiles, en attente au bord de l'inconnu qui murmure, sous le vertige du ciel où déjà passaient des rougeurs...

Toute la plaine qui descend contre la ville aux
éclairs sévères bruit et chante.. La pluie d'été
vient de s'assoupir et partout les rigoles rêvent
dans les pentes.. Un hoquet détonne et sanglote :
On dirait qu'un blessé parle tout seul dans son
ornière.. Des cantines saignent faiblement, par
leurs fentes, au tournant de la route. Des voix
battent et tintent contre des maisons basses où
brûle une lampe fielleuse, dont la lueur traîne
comme une main qui cherche et tâte par terre..

Il trouve l'auberge où l'attend la voyageuse. Il
y entre. Il parle. Il y voit sa mère. Il voit des
visages attristés et pâles trembler dans l'onde
d'un poêle au fond d'une vieille chambre.. Sa
mère le regarde infiniment sans voir qu'il déserte.
On l'exhorte. Il pleure et court sur la route. Les
amis tant aimés l'abandonnent en deçà des portes
et chantent l'histoire de son cœur...

Le même arbre, au croisement livide où l'esprit

se voile, porte une main maigre sur le ciel trouble.
— La côte encore, qu'il faudra monter vers le
Fort en courant dans la nuit fiévreuse. On devrait
tout dire sans exorde : L'homme qui fuit ceux
qu'il aime a croisé l'Amour. Mais il ne l'a pas
entendu, devant la ville étrange, à cause des bruits
de la pluie tiède et des voitures.. Une vitre allu-
mée : L'homme y frappa. Mais c'était fini. L'aile
bleue tournait là-bas la croix, la place et les champs..

La nuit pleure ses larmes grises entre les sapins
du redan, qui prêtent serment d'un bras noir.. Un
homme de garde brille et pense, dans le songe
d'odeurs où monte un arbre grave.. L'âme de
toutes les sentinelles tuées brûle au loin par la
vitre d'un poste isolé dans les bois.. Le vent passe
par sautes et tape par terre, comme la tête d'un
blessé traîné par un cheval.. Le vent secoue de
grands sacs noirs dans les bas-fonds de Bois-sous-
Roche..

Des rentrants trépignent. Des images étonnan-
tes et trompeuses poussent comme de fausses
oronges dans les têtes bleues aux trous noirs de
bouches ouvertes qui soufflent la course à l'Obscur
vers le clairon déchirant comme un cadavre nu
sur une grève déserte..

Des piétinements vous cherchent en arrière,

dans les bas côtés aux lueurs pluvieuses, au long regard de mauvais œil.. Et il semble que les spectres du vent, couchés de toutes parts sur la plaine, tournent tous ensemble les pages d'un livre ouvert au bord de leur fosse..

Quand Il empoigna la rambarde, il buta dans l'anneau qui sonna sur la pierre. Et il s'aperçut que deux ou trois corps obscurs barraient déjà le parapet. — Des voix forcenées lui crièrent, comme en rêve : A lui ! A Toi, la butte de Terre ! Mais il vit qu'entre lui et la dune, la mer commençait à recouvrir la digue de longues lames lumineuses...

Lorsque tu veillais sur mon désert — et que je rôdais sous la voûte du Fort où l'aube tourne la crête d'une vague — ta voix m'arrivait, fine et lointaine comme une feuille qui tremble au vent du soir..

Maintenant que tu m'es rendu, sous le ciel moins sombre, écoute la mienne..

Regarde passer nos jours et nos rêves. De vieux complices nous les tournent, comme on regarde les images. Ils séparent l'écran nocturne. Ils sont déjà là, sans qu'on les ait vus venir..

Ils s'avancent du pas suspendu de ceux qui vous aiment, quand le mystère tinte au seuil des nuits fiévreuses.. Ils écartent les ténèbres d'un geste gauche de malade qui veut prendre ou chasse quelque chose.. Ils font le cercle autour de quelqu'un d'invisible qu'ils touchent et qu'ils ménagent..

Leurs noms ont une forme bizarre et très

humaine.. Ils ont la voix des justes frappés qui
protestent.. On voit rarement leur regard.. Leurs
moindres paroles sont pleines de larmes..

Rêves de notre enfance.. O fables.. Grands
voyages..

Dans la forêt lointaine où les trains portent
l'incendie, les Sioux avaient envahi les wagons !
L'explorateur, malgré son cœur, allait faiblir :
Une gorgée d'un breuvage puissant lui rendit la
vie. Burke et Wills souffrent dans une crique
et ne mangent plus que du nandou.. Cameron
pleure, parce qu'il revoit une table mise, avec sa
nappe...

Dans un autre songe, on traverse une guerre.
Les proues des palais s'abordent et brûlent. — On
retrouve un village où chantaient nos voix de
jeunesse : Il n'est que décombres. — On passe un
pont tout frais peint au minium. — On longe des
quais fumants d'odeurs. — On cotoie des plages
où la nuit tombe.. Notre âme isolée y toise un
naufrage, droite dans l'essor d'un vent noir...

On bâtit des trésors qui dépassent l'Histoire.
Mais nous avons connu la ville où se perdent les

certitudes. Nous avons connu d'autres villes, où nous avons vécu l'Amour...

L'ami et l'aimée vous sourient. Tout est sanglotant de musique. Aux parcs sans style pleure une chanson d'absence.. Des arbres durs et noirs versent le chagrin de leur cloche brûlante. De beaux geysers peignent leur crinière au vent tiède. Des chutes de fruits noirs tordent la bouche d'un masque tragique au visage hagard des vasques. Et des pluies chaudes comme des pleurs éveillent pourtant de longs sourires aux eaux d'un fleuve qui s'étire et donne son corps à la mer...

Et j'ai la douleur, par toi que j'aime..

Tout un paysage s'enfle de très loin, comme au bout d'un tunnel, et s'exprime par ta voix profonde.. A Stains, devant une barrière que je vois si bien, comme elle était, contre un jardin triste, et que je perds bien dans l'ensemble, avec un sang-froid détestable, tu me parlais de nous-mêmes. Et ce paysage où nous étions en suggérait d'autres, francs ou de limbes, riches en lumières mouvantes où souffrent les hommes, et dont on ne sait si elles sont proches ou lointaines..

La nuit vint. Dans la gare silencieuse et vide,

une sonnerie s'éveilla d'un timbre qu'on sentait bien
touché de très loin et comme à tâtons, par un aide
étrange.. Une pause avec le passage d'un express,
au large.. Il tourne la page, tisonne sur la courbe
et meurt..

Plus tard, nous étions dans un petit café où tu
te penchais sur moi, comme ça, pour me dire
quelque chose qui fût très près de nous.. Je vois
encore ton geste. Et la lampe qu'on apportait du
fond de la salle éclairait par degrés tes mains
pâles...

Ils entrèrent au crépuscule. — Une lampe étendit ses ailes dans la chambre. Et quelqu'un posa la main sur mon épaule. Elle est partie. Dit une voix déserte. — Par la porte ouverte, on entendit des piétinements las de chaleur, des voix sourdes, une voix caressante, et puis les bruits plus frais du soir. Une fenêtre sans rideaux laissait voir la ville où baissaient les mirages, et le profond des rues qui bouge comme un fleuve..

Elle est partie. J'ouvris sans bruit la porte sur l'escalier sans lumière. On n'entendait sur le palier que la plainte obscure d'une fontaine. Mais je vis la main du Soir glisser sur la rampe, devant la mienne..

J'entrai dans la chambre. Je vis tout de suite quelques vêtements que je connaissais tant et qu'elle avait laissés sur une chaise. J'allai les toucher et les sentir. Elle tremblait vraiment partout dans la chambre crépusculaire. Et son regard y rayonnait comme un élément dans sa forme la plus belle.

Et je restais là sans oser bouger et sans pleurer, car je sentais éperdument sa présence par un frisson léger contre mes lèvres...

Les mots, les mots spéciaux qu'elle avait faits
pour moi, je l'écoutais les dire à l'Autre.

J'entends sonner son sabre sur le bois du lit.
J'entendrai toutes les paroles.

Quand il l'embrasse sur les yeux, là, tout au
bord de l'île où s'allume une lampe, il sent ses
paupières battre sous sa bouche comme la tête d'un
oiseau qu'on a pris et qui a peur..

Il s'attarde au réseau des vaisseaux délicats
comme l'ombre légère d'une plante marine..

Il caresse de tout son corps les seins qu'en-
venime l'amour...

J'entendrai tout, dans ce couloir aux minces
cloisons, tout blanc de fenêtres, avec cette odeur
fade et sucrée de la boiserie que le soleil chauffe..

Quelquefois j'attendais longtemps devant sa
porte et dans un décor si connu qu'il m'écœurait.

J'y frappais. J'entendais le vide bâiller derrière..
On marchait bien vite, à côté, comme pour venir
ouvrir..

Une heure se plaignait quelque part. Le soir
tombait par les baies vitrées, sur les marches..

Et puis les houles du vent d'automne, des
frissons d'arbres sur les remparts, l'odeur de la
pluie dans les douves et bien des chansons de
Paris passèrent sur elle...

Dans un quartier qu'endort l'odeur de ses jardins et de ses arbres, la rampe du songe au loin lève et baisse un peu ses accords, par ce temps d'automne..

Quels beaux regards se penchent sur leur blanc calvaire ? Quels gestes font chanter les rêves couchés et invisibles ? Quelles mains ont ouvert les fenêtres sur des paysages où les souvenirs clignent comme au loin les toits, par éclairs ?..

Une lanterne attend son heure au bout de l'allée sablée qui mène à la villa perdue sous les feuilles où s'égoutte encore une pluie légère.

L'ange est là, sans doute, au clavier, sous l'aile de l'ombre, et son beau visage et ses mains où les bagues sortent leurs griffes à la lumière, brillent d'une flamme qui bouge à peine..

Mais l'oiseau qui souffre et se tait sur un secret des Iles se prend à chanter dans son panier d'or !

Un perron d'automne. Une villa blanche posée comme une veilleuse au bout de l'allée à l'odeur amère.. Une pensée d'or descend, d'un vol triste.. On a fermé les persiennes sur des chambres où les idylles sont mortes.

Aux longs traits du fer et des pierres. Aux lointains môles et aux bras fins et bleus de l'air. Au pan de lumière gros de larmes où les deux amis de jadis repassent, de l'autre côté des buissons de brume, sur l'ancienne route où meurt la mer...

Que j'enfonce ici pour toujours ce cœur obscur qui fut le nôtre entre les canons du vieux port droits dans les quais de pierre lisse au front vert penché sur la mer...

Au fond d'une ruelle, la foule se voûte sur des cages sales où battent comme un cœur et s'éteignent des bêtes étranges et grelottantes..

Plus tard les rampes de gaz de la rue aux bouges sourcilleront au vent du soir.

.. Un ciel fêlé du lent défaut des trolleys chanteurs, dans les quartiers neufs au souffle humide, à l'odeur crayeuse, où j'ai suivi pour une nuit de songe aux plumes de lune la traîne silencieuse de la mort où brillaient les yeux d'une femme..

L'homme à la cape rôde sous la fenêtre où glisse une lumière..

Dans le bassin royal, un yacht aux yeux verts attend l'idylle contre l'hôtel sombre..

La rampe s'allume. Un clavier s'éclaire au bord des vagues. Les lucioles font la chaîne. On entend bouillir et filtrer le lent bruissement des bêtes du sable..

Une barque chargée arrive dans l'ombre où les chapes vitrées des méduses montent obliquement et affleurent comme les premiers rêves de la nuit chaude..

De singuliers passants surgissent comme des vagues de fond, presque sur place, avec une douceur obscure.. Des formes lentes s'arrachent du sol et déplacent de l'air, comme des plantes aux larges palmes. Les fantômes d'une heure de faiblesse défilent sur cette berge où viennent finir la musique et la pensée qui arrivent du fond des âges.. Devant la villa, dans le jardin noir autrefois si clair, un pas bien connu réveille les roses mortes..

Un vieil espoir, qui ne veut pas cesser de se débattre à la lumière.. Des souvenirs, tels qu'on n'eût pas osé les arracher à leurs retraites, nous hèlent d'une voix pénétrante.. Ils font de grands signes. Ils crient comme ces oiseaux doux et blancs aux grêles pieds d'or qui fuyaient l'écume un jour que nous passions sur la grève. Ils crient les longs remords. Ils crient la longue odeur saline et brûlée jusqu'à la courbe..

Le vent s'élève. La mer clame et flambe noir, et mêle ses routes. Le phare qui tourne à pleins poings son verre de sang dans les étoiles traverse le bras de mer pour toucher ma tête et la vitre. Et je souffre contre l'auberge isolée au bord d'un champ sombre...

Retourne aux pays sans amour, où l'on était cruel pour toi.

Retourne aux pays sans douceur où l'on revient toujours.

Ils sont pleins de souvenirs qu'on déteste et qu'on adore.

On ne saurait s'y montrer fier de ce qu'on quitte. On ne peut rien en rapporter vers ce qu'on retrouve.

Le temps et la distance y perdent leurs mirages. Aucune magie n'y rayonne.

On y a laissé vieillir des hontes et de l'inconscience. Elles vous entendent marcher sur la route, de si longtemps et de si loin qu'on vienne.

Et tu vas t'y pencher encore, de toute ta hauteur, comme la plus lointaine étoile au fond d'un puits où dort le silence, dans les yeux morts, sur le cadavre des ténèbres...

Voici tant d'années ! Gérard de Nerval partit dans la nuit pour aller revoir une figure de vierge..

Hier soir chantaient nos voitures le long du fleuve tout fêlé de lumière..

Départs ! Vos chants et vos odeurs. Huées et plaintes des trains qui rêvent. Un couple tout noir sur un quai sonore..

On accueille un train de banlieue rempli de fanfares..

Et le Train pour nous refait son histoire..

Il crie les fanaux qui ont l'air si tristes..

Il crie les paysages traversés à tour de bras. Des gouffres pris de biais dans un grand bruit frais sur des ponts de fer qui grincent des dents... Une halte encore où sonnent des voix lourdes, où tout le silence assiège les vitres.. Mais un autre train perce en cris noirs...

Une aube au cœur serré se lève.

La nuit a séché les pleurs de la veille et con-
sacré les solitudes..

Sous le ciel pommelé que traverse un ange, de
petites maisons isolées dorment encore, affinées par
le crépuscule matinal..

Un coq de Caldecott crache un coquelicot !..

Des laboureurs défont leurs gestes de travail, et
la main sur les yeux, regardent.. Des bêtes au
pacage, tournent lentement, d'un mouvement de
rite, d'un air sacré..

Les rivières sont encore toutes bleues d'ombre
avec une écharpe de brume. La fumée du train
s'embuche dans les bois humides comme une
poursuite de fantômes..

Un village avec les bâches d'une fête qui
s'installe, s'envole..

Des choux bleus tournent leur bonne face de
Quasimodos saouls de lune..

On brûle de petites gares naïves avec leur
intimité pâlotte, l'horloge au centre, les employés
qui sont du pays, leurs paniers pleins de volaille
crieuse et les trains d'intérêt local qui attendent...

Et puis, plus tard — les maisons d'une vieille
ville rouge et noire jouent à saute-mouton dans

les rochers. Les voilà qui font la haie et qui
regardent par-dessus le fleuve

parce que j'embrasse ton doux visage dans le
médaillon de la vitre...

La petite gare aux ombres courtes, lasse de cinq heures. — Comme un reflet du ciel au fil de hautes herbes, les rails, où fuient des yeux bleus, vont chercher les yeux roux des voyages : Le tremblement bref et sourd d'un train qui sort du bas du ciel..

Un rayon dore la barrière de sortie, sur le sentier qui tourne, et cette grosse fleur, à gauche, comme une main d'enfant qui dort.. La voiture de l'Hôtel du Petit-Enfer attend. — La diligence attendra plus loin, dans l'allée bleue, sous les tilleuls.

Marie est morte, mais les yeux de Myrtis rêvent dans les arbres..

Une machine qui s'exténue d'une toux cave et noire, de se taire.. Tout s'arrête et songe. Comme naguère.

Les vieilles choses qui sont là bâillent, reconnaissent l'heure et se rendorment. Les noctuelles des hangars partent, d'un vol gauche, cravater d'autres poutres.. Un oiseau chante, sur un ton de question, du côté de la voie où la nuit vient, près du réservoir, au-dessus du parterre aux sonneries légères, au-dessus des fleurs qui prêtent l'oreille, dans l'arbre gonflé d'ombre et qui contient déjà tout le soir...

Ami, tu es triste. Une lampe brunit quelque vitre, en face.. Une voix fraîchit sur la route. Un anneau tinte. — Un bruit de chevaux s'ennuie. — Certains souvenirs se prennent à chanter, d'une voix mal assurée, comme un chœur d'enfants timides..

Oh ne songe pas.. Veille — et rejoins sur la courbe — enfin — ces lointains, doux comme un sanglot, vers les Délivrandes où nous souffrirons encore..

J'ai passé la croix de fer frappée de la foudre.
Les batteuses ronflent dans la ferme, sur la droite,
et le vent me l'apporte comme aux vieux jours..

Je saute le fossé qui est toujours plein de bêtes
étranges.. Il y a une fourmilière qui bouge comme
de la fumée.. Plus tard, un complot de champignons derrière un chêne.. Ils tiennent leur marché
couvert..

J'enfonce dans les feuilles mortes. Une bouffée
de guêpes dérangées médisent..

En bas, j'entends déjà battre et rire au bord du
lavoir.

Et je longe le chemin creux où nous avons
tant joué, le chemin dont les bas murs de pierre
où luit la broche d'un lézard et les coins riches
d'une eau sombre nous semblaient gros de mystères.. J'ai rêvé que l'ombre du grand Moine
noir m'y suivait du fond de la lande.. J'ai rêvé

que la diligence qui me ramène aux pays que j'aime était attaquée par des Peaux-Rouges et percée d'une volée de flèches, un soir d'automne, au crépuscule..

Le buisson de gauche se creuse comme une vague. Au bout du désir, là-bas, sur la petite place où s'assied la lumière, la même barrière de branches tordues noue son serpent noir sur le ciel gonflé d'orage..

Tout retient son souffle. Une caresse d'un froid bleu pénètre les arbres. Il se fait de minces déclics de bêtes dans l'herbe.. Une grenouille, comme une danseuse, crève le cerceau de la mare.. Des mouches traversent d'une voix sévère..

C'est ici qu'avaient lieu les combats de scarabées noirs dont rêvait notre enfance.. En grand deuil, ils gagnaient parfois la cathédrale des ciguës.. Bien des familles y périrent.. Entre les ronces enlacées jusqu'en haut du tertre qui monte à la lisière du Bois-Moine où tremble une lumière pâle, on voit encore leur cendre brune...

Que bientôt j'aborde aux vergers fermés de barrières grinçantes où les choux vont au bal en robes à paniers..

Là-bas le sapin étend sa main noire au bord

des tours du château du Breuil pour voir s'il pleut..

J'entends les voix jaunes du village.. Des sabots tintent sur un carrelage. Les chiens ne m'ont pas encore éventé..

Et la pluie d'été va bien me surprendre. On l'entend déjà qui marche au bout du sentier..

Mais je n'ose pas remuer. Je n'ose pas souffrir.. J'ai peur d'effaroucher les souvenirs qui viennent se poser devant moi, comme des oiseaux...

Une voix chante.. Et dans le même arbre, la même étoile nous fait signe. Elle tremble comme un regard que des travaux de nuit fatiguent. Elle semble toujours coudre, d'un air secret, dans l'étoffe sombre..

Regarde. Le poème des âges s'amuse et sonne, et se presse par toutes les mains des légendes.. Mais l'âme des soirs de jadis a gardé son côté intime et comme sur la cour.. On entend souffler dans leurs clefs toutes les bêtes de la terre nocturne. Un crapaud râle sous une grosse feuille, d'une crécelle sourde et grave. Un insecte lime à son établi. Tout n'est que douceur lancinante..

O jardin de jadis, veilleuse parfumée...

Le soir emplit jusqu'aux bords les dahlias écrits en ronde. Les belles-de-nuit ont leurs réveils de vieilles filles. Les vers luisants font leur *petite* moue lointaine.. Les sphinx, en courriers, tirent d'une fleur à l'autre, ou volent sur place et s'auréolent du ronflement de leurs ailes. Les chauves-souris font leurs tours de cartes sur la lune. Au fond, les toits de la Bernadine fument légèrement contre son cœur..

Très loin, l'aboiement des chiens n'est plus qu'un froissement contre la trappe de la route, de cette route si étrange qui descend de chute en chute aux clairières de lune où songent les cerveaux de vieil or des morilles.. Le fer d'une roue sur une pierre y tinte..

Quand Elle arrivait par l'escalier de bois sonore, elle frôlait les feuilles d'une branche basse. La branche tremble encore.. Une buire, qui n'est plus la sienne, luit toujours au fond d'un hangar, avec les outils, comme un rappel de la mare..

Une nuit, nous étions assis là, dehors, sur la petite butte. Elle contre l'arbre, moi par terre. Et j'avais laissé rouler ma tête sur ses genoux, dans le silence haletant des pensées. Et je pleurais doucement. Et au bord de la plaine, dans un cercle de lune, une bête charmante, toute droite et toute blanche, était sortie de terre pour nous regarder...

Le soir se penche avec langueur — et les arbres au bord de la route des songes — comme de grands oiseaux la tête sous l'aile — s'endorment. La lune pleure dans les branches — comme un regard entre des mains tremblantes.. Elle y noue ses froides faveurs. Elle suit le fleuve tout contre la berge. Elle s'y balance, et il semble qu'un grand cygne ait perdu ses plumes sur l'eau triste où le ciel se berce..

Il y a une garde de roseaux au tournant escarpé où la lune entre par échardes. Un long souffle d'air qui chasse par instant les noms et les souvenirs de leurs nids sombres écaille le fleuve et le feuillage.. Alors, le veilleur et l'éclusier de la contrée fiévreuse — le gros lézard gris où s'est réfugiée une âme ancienne — souffle d'une voix lointaine et qui évoque un rite et un instrument sauvages — parce qu'il voit passer des choses que nous ne savons pas voir — et qui rejoignent l'horizon où le passé dort sous la cendre...

La mer phosphorescente perle entre les arbres.
Par les grands yeux des lémuriens crochés dans les
plus hautes branches, l'âme des ancêtres regarde..

Un pont grêle part comme une fusée, surplombe
la lune ébréchée, porte trois voyageurs sur son
dos d'âne et rejoint la falaise averse.

Il commence à pleuvoir sur le golfe. Un nuage
passe une ombre immense sur l'eau lourde et
limoneuse. Une petite barque pagaye de tout son
cœur..

L'éclair ! Une fougère arborescente...

Or, entre les rocs, un Monstre aperçoit les trois
voyageurs sur leur bât d'ombre. Autour des
bords à pic d'un gouffre circulaire il écarte avec
soin les plantes carnivores.. Il sort. Il pose sans
hâte une énorme patte palmée sur la crête de la
falaise en faisant pleuvoir des éclats de schiste..
Et il se laisse glisser le long de la paroi restée dans

l'ombre, comme une coulée d'émail en fusion sort du creuset plein d'or, avec un bruit bien rond qui tourne et qui gronde...

Les festins qui sonnaient aux terrasses du soir attendent ce que les gestes fatals vont écrire. Il se fait au ciel de grands signes d'écume...

Un château s'étage. Une forme inquiète ouvre une porte au bord de la nuit qui s'égoutte. Elle regarde en face un regret de lumière isolée et douce. Elle vient se taire et voir au large..

L'Heure tourne et sonne au buffet des songes.. Elle baisse au loin ses longs cils qui tintent.. Les bêtes des nuits jouent à lui répondre, à petites voix blanches et minces..Elle donne à danser aux insectes du lac. Des noctilucques font leur ronde aux sons de sa boîte à musique. On croirait qu'un oiseau en joue avec ses griffes.. On dirait l'Esprit de la pluie qui pleure...

Toute une ville naine veille et tremble à ras de terre, entre les hautes herbes. J'entends ses enclumes. Les mouches de la Saint-Jean brûlent d'un feu boudeur, traînent sous le couvert et partent pour l'amour...

Un chant d'oiseau s'ouvre et tout change !

La lune met la nappe sur la clairière. Elle poudre à frimas les saules. Tordu comme une algue, un chemin nacré tourne la côte où dansent les images.. Une nymphe travaille à son crochet d'écume, avec un bruit léger, contre l'écluse. On voit trembler sa natte.. Les sylphes commencent à se répandre sur les pelouses pâlissantes. Un chêne, d'un grand geste, arrête enfin les rangs silencieux de l'ombre au bord de l'allée blanche comme une morte où passeront tout à l'heure les grandes personnes, Viviane et Myrdhinn, Faust et Marguerite, et les deux spectres du parc solitaire de Verlaine..

On est allé réveiller Perrault et Andersen, peut-être.. Les champignons en parlent sous le manteau, par groupes sages. Ils sont quelques simples de jadis.. Ils affrontent leurs têtes chauves. Certains font le signe du silence, d'un long doigt pâle, sur d'invisibles lèvres.. Ce jaune, au crâne de savant, semble ausculter longtemps les secrets de la terre.. — Un autre a l'air d'un explorateur sous son casque blanc doublé de liège et s'en va tout seul dans les grandes ombres.. Leurs marmots lèvent comme des cloques sur les grands pieds noirs des arbres. Les vieux se renfoncent sous leur bonnet de nuit qui tourne et font la lippe.. Mais de jeunes coquettes, fraisées de clair, ouvrent doucement leurs longues ombrelles d'ivoire et dorment debout, dans l'attente...

Une poupée qui fut Turandot, princesse de Chine, accourt la première, ses yeux grands ouverts à la lune. Un capricorne, en habit, l'aide à descendre un petit sentier sans lumière. Le monstre bleu turquin s'amuse avec le petit oiseau d'un beau vert. Un bouffon royal s'est fourré dans la peau d'une taupe, et il n'en sort que des mains nues.. Le sphinx Atropos ronfle.. L'escarbot compte sèchement les herbes..

Les mains pleines de lucioles des Naïades qui entraînèrent Abeille une nuit de lune ronde maintiennent sur l'étang les follets aux mèches blondes..

.. Et il arrive toujours des confins bleus le bruissement croissant des graines que la chaleur fait sauter de leurs coupes, et qui viennent rejoindre de toutes leurs forces dans le frémissement lointain des terres...

Orphée prélude, et les yeux des bêtes attentives,

dans l'ombre, entre les fûts des arbres, brillent
sans lumière, comme des vins rares.. Et je suis
devant lui, lourd de ma peine, sous la futaie qui
me rend invisible, au bord de la lisière mysté-
rieuse — comme un homme que son âme empêche
de dormir...

Il est tard. Dans ce long couloir tout crépi de lune, entre les cours, je me surprends à marcher sur la pointe des pieds.. — Pourquoi ? — Le vent pousse, il ouvre avec indifférence — un journal — d'un froissement vide et distrait, sans la force humaine.. Le lavoir s'égoutte avec un bruit pensif.. De légers nuages glissent très vite au-dessus des forges éteintes. Un four de fer où la chaleur tremble encore somnole à côté de la maison toute en langes.. Les lucarnes têtent la lune...

Un de mes chats dort, fermé comme un œuf, sur le rebord de la fabrique. Mes clefs sonnent. Il saute et me suit. Ses yeux clignent dans la blancheur.. Dans le coin d'ombre et de terre où le treillage prie sur le ciel avec tristesse, je dérange une petite danse de feuilles sèches. J'aperçois le gnome familier qui trottine contre la clôture. A l'aube, je l'entends souvent qui gratte à la porte et fait remuer la boîte au lait.. L'autre jour, il s'était déguisé en marchande de menthe..

Il me semble que le regard de ma mère s'attarde après la journée, dans les fleurs, sur la terrasse où tourne encore sa forme blanche.. Tous les fronts, tous les toits sont au faîte éclairés par un vaste regard dont le foyer demeure invisible.. Le silence attentif écoute les pensées et les songes. Un sifflet lointain et sourd évoque une plaine contre un ciel trouble sous le tremblement d'une étoile rouge.. Mais la fenêtre aux ailes d'or veille contre toute inquiétude...

Et tout l'enfant sentimental s'affaire et songe.. Un an de travail qui finit, de la douceur, de la fatigue.. Un geste de joie qui s'étire : Un espoir de joie rayonnante, absorbante après des climats durs, et dont la seule pensée vous fait courir dans la rue...

Faut-il donner tout son effort, fût-ce au prix de son repos, de la justice et de la tendresse ? Ne plus dédaigner le bonheur qui s'offre parce qu'il est un tout petit ? Ne plus faire fi des regards qui se bornent ? — L'homme qui essaie ses cornets, le tourneur, le fondeur et tous ceux de la maison qui travaillent, dînent le dimanche en abat-jour rose avec des amis à leur table.. Et moi je suis tout près d'eux, comme un homme riche qui vit seul et s'éclaire à la chandelle...

Tomber dans la lumière ou vaincre dans les ténèbres ? Ne plus se cramponner à la crête des murs d'où l'on voit les lumières, les tueries ou les échanges ?..

Oh tant d'années passées à m'attendre, à me regretter et à m'attendre.. Un sifflet lointain et sourd évoque une plaine contre un ciel trouble, sous le tremblement lointain d'une étoile...

Une odeur nocturne, indéfinissable et qui m'apporte un doute obscur, exquis et tendre, entre par la fenêtre ouverte dans la chambre où je travaille..

Mon chat guette la nuit, tout droit, comme une cruche.. Un trésor au regard subtil me surveille par ses yeux verts...

La lampe fait son chant léger, doux comme on l'entend dans les coquillages. Elle étend ses mains qui apaisent. J'entends les litanies, les chœurs et les répons des mouches dans son aréole. Elle éclaire les fleurs au bord de la terrasse. Les plus proches s'avancent timidement pour me voir, comme une troupe de nains qui découvre un ogre..

Le petit violon d'un moustique s'obstine. On croirait qu'un soliste joue dans une maison très lointaine... Des insectes tombent d'une chute oblique et vibrent doucement, sur la table. Un papillon blond comme un fétu de paille se traîne dans la petite vallée d'or de mon livre..

Une horloge pleure. Des souvenirs dansent une ronde enfantine..

Le chat se fend à fond. Son nez dessine en l'air quelque vol invisible.. Une mouche a posé ses ciseaux dans la lampe..

Des bruits de cuisine s'entassent dans une arrière-cour. Des voix contradictoires jouent à pigeon-vole. Une voiture démarre. Un train crie dans la gare prochaine. Une plainte lointaine et longue s'élève...

Et je pense à quelqu'un que j'aime, et qui est si petit d'être si loin, peut-être, par delà des pays noirs, par delà des eaux profondes.. Et son regard m'est invisible...

Se peut-il que ce faux ménage, avec le grand fils, se brise ? — Certes. — La vie a été la plus forte. — Ils ont épuisé tous les regards et toutes les larmes. — Ils se sont adorés. Ils se sont déchirés. Ils se sont retrouvés dans une autre lumière. — Il faut nous séparer. Il faut vous séparer. — Tu t'en iras. Chantaient les cloches dans les villes. Tu partiras. Criaient les trains dans les tranchées...

Le père a rencontré son fils. Il avait une trace sale sur la joue et beaucoup de barbe. — On a vu passer la fille ailleurs. Elle porte une espèce de guitare.

Où est le temps où la mère courait à la fenêtre pour voir son enfant partir dans l'allée.. Ils s'étaient adorés. Ils s'étaient épuisés...

Avec quel plaisir on se déchire..
Ces pensées font qu'on regarde si on saigne..
O les mots touchants qui vous font pâlir..
Ils se sont adorés. Ils se sont séparés...

La corde le serrait si fort que du sang gouttait lentement sur le plastron de sa chemise. Son cercueil attendait hier sur le palier, au fond de l'impasse.

On a fini par emporter le Mort d'amour. Ça sent encore le cierge et l'antiseptique..

Il y a bien longtemps que nous voyons, le soir, par cette lucarne, la même lumière qui stille, douce comme une plainte, longue comme une larme. L'horloger joue toujours du trombone à six heures. Un voisin jovial accroche des outils qui pèsent. On entend le déclassé qui cherche à l'étonner en lui jetant les mots de géologie, de cosmographie.. Pour une femme ! Grogne le cocher d'omnibus. Pour une femme !

Une porte s'est ouverte sur le couloir, avec inquiétude.. Une forme de femme en cheveux passe très vite et tourne, comme un lambeau de fumée que le vent chasse...

— " On a trouvé sur le cadavre des lettres, un crayon et quelques cigarettes espagnoles.. " On décrit les beaux traits, l'expression de profond chagrin du visage, et tant de choses, et l'abandon terrible...

J'ai peine à suivre.. Pourquoi faut-il qu'en lisant je revoie fixement la douce figure d'un des maîtres de notre enfance, avec l'expression qui la tendait lorsqu'il annotait nos devoirs...

Je le vois encore, dans son clair pouvoir, un soir de travail.. Il causait avec mon père. On sentait passer dans leur voix contrainte une délicate certitude et toute l'estime d'un travailleur pour un autre.. Notre lampe baissait les yeux.. Les oiseaux dormaient dans la cage. Une ombre de barreaux venait régler ma page blanche.. On entendait le feu bouger comme un dormeur, monter dans son rêve et crouler sur ses piliers d'or avec la douceur d'un fruit mûr...

Si c'était lui qu'on a tué.. Son crayon.. ses lettres..

Est-il vrai ? qu'il soit étendu là-bas, par celà cette mince ligne nocturne où souffrent de pauvres lumières...

Un homme a penché la tête en arrière : son âme
accourt, monte embrasser la houle énorme.. Dieu
vient reprendre son trésor dans sa caverne.. Et
des écluses chantent, et le brasier noir de la vie
charbonne..

Il y a si longtemps que son cœur frappait pour
sortir ! La mer s'est retirée des voûtes de sa tête.
Le silence, à pas de loup, s'y installe. Mais nous
seuls sommes morts et tous les bruits sont morts,
au bord de ses oreilles..

Le Ciel a toujours son regard infiniment égal et
sans fatigue. Un paysage oublié n'en tisse pas
moins ses bruits calmes...

Nous allons voir les nôtres. Il fait doux. Les
deux peupliers sont bien droits sur la route de la
Touche... Une chèvre à l'attache broute un mur.
On entend le chant bleu de la forge au tournant
de la route.. On perçoit le bruit d'une fête de

village qui vous rappelle un amour d'enfance...
Les bruns satyres se poursuivent gauchement
sur les tombes. L'herbe tire à l'arc par toutes ses
bêtes. Les bourdons vous parlent à l'oreille, roulent
dans l'air tiède et prennent le large.. Un criquet
part et retombe comme une arbalète empennée de
rose.. Une motte de terre qu'on enlève et qui
découvre une odeur profonde laisse voir la fuite
au dos tremblant des bêtes sombres...

Il me semble qu'on a chuchoté sous la terre..
On entend le bonheur qui frémit sous la terre.. On
entend défiler tout un troupeau de cloches.. J'ai
aimé d'autres cimetières...

J'aime les cimetières des grandes villes où des
têtes blanches et sans regard dépassent les murs,
et les belles chapelles où des lampes brûlent en
plein jour, et les allées de grands arbres où il
bruine, et les lents chemins sablés d'or où les
cyprès défilent comme des pleureuses...

J'aime les beaux cyprès tout vernissés de pluie.
J'aime le vol lointain des cloches. Tu t'en iras,
chantaient les cloches dans les villes.. Tu partiras,
criaient les trains dans les tranchées.. Tu t'en iras
dans une autre lumière.. Tu partiras comme en
voyage...

Mais pour Toi — qui sais t'accouder sur la pierre, les morts fredonnent sous leur voûte.. Les regards des aimés sont montés dans les fleurs où la pluie d'été brille encore... Le fleuve souterrain nous parle, engendre, encourage et rassure. Qu'as-tu dit ? Les regards des aimés, aux fenêtres ? Ils n'apparaîtraient plus jamais ?..

Tu ne peux mourir, toi qui te demandes s'il est bien vrai que tu ne verras plus le ciel, et la lumière fiévreuse des hommes, et le regard des bien-aimés qu'on retrouve au fond d'une ville obscure après une journée de fatigues, et les corps adorables, et le visage inexplicable de l'Amour... Par toi sont immortels tes horizons choisis, tes villes mysté-rieuses, et les moins grands désirs, et les moins beaux visages.. Tu viendras quand tu seras las de la course, de l'ennui tiède où tout s'éboule et rapetisse — et des fantômes du Bonheur...

A l'horizon, par delà les orages, derrière une grêle ligne végétale, au bord d'une route — un regard d'amour, cette chose immense et qui semble emplir le monde, n'est plus visible... La tête exquise de Myrtho dans les dents blanches de la vague est moins qu'un souvenir, que l'Aile froide emporte.. Un ballon s'enlève — et sous lui tous les mystères sombrent.. La beauté d'un regard en face du nôtre, les lointains des rues comme des falaises, une fenêtre qui s'allume, et tout ce qui fait le charme à hauteur d'homme... Une bataille n'est plus rien qu'un peu de sel qui se renverse.. On n'entend plus rien d'une foule qui chante au milieu d'une ville ténébreuse...

Et tout un passé de feu et de fêtes, les grandes migrations parties de l'Iran, l'Exode et les Huns et les Volcans, tout s'est éteint comme un coup d'œil de flammerole à l'horizon pour aboutir à cette pauvre plage qu'est le jour nouveau qui se lève...

Tu viendras quand tu seras las de l'ennui lourd et de la course. Il me semble qu'on a chuchoté sous la terre.. On entend le bonheur qui frémit sous la terre...

Qu'est-ce donc que toute notre tendresse ? Rien qu'une petite vague qui racle sur la rive et s'en retourne à la haute mer...

Un ange se pose aux créneaux du jour.. Des fenêtres qu'on ouvre au loin se signent l'une après l'autre d'un lent coup d'aile.. Il semble que de longs bras d'argent tournent les pages d'un livre vague, épars, sans bornes.. Ils font aux murs, en face, de pâles caresses. Ils touchent les velours qu'oubliait la nuit d'été, basse et chaude..

Le soleil poursuit sur toutes les pistes les âmes qui courent dans leur plante libre, les pauvres cœurs vêtus qui frappent à la porte.. La lampe et la tour des visages, les regards sortis de la mer haussent vers Dieu ou l'Orateur la grimace du drame intérieur, crépi de feu, sculpté dehors, tonnant et sourd dedans comme un fleuve..

L'Amour et le Crime passent et dorment dans leur gaine de la même démarche et du même silence. D'autres rêvent, les mains comme mortes, et lâchent les rênes.. Des soldats tuent le temps à coups de pied rythmiques. — Le squelette attend, debout dans son corps comme un emmuré dans sa niche. Il suit comme un aveugle. Il singe dans son coin la chair qui goûte et parle.. Il sait qu'il rira le dernier...

Le jour se déroule et gronde. — Les bruits se répètent. — Le rythme pérore. — La musique s'étire jusqu'aux bruits les plus faibles.. Les rongeurs grincent dans les vieilles chambres.. Les tarets percent le navire et l'envahissent comme une idée fixe..

Le soir tombe. Une à une, les lampes entrent dans leur veille.. Aux tempes des rues s'allume un dortoir de pensées fiévreuses.. Les braises tintent et chantent dans leur vase de fer avec un bruit fin et triste.. On entend fraîchir la voix des écluses.. Toute l'engeance d'Adam bat la lumière à coups de basques et d'élytres..

L'homme pleure et attend toute sa Nuit le bruit d'une clef dans sa serrure.. Il s'endort au bruissement du jour qui monte..

Il s'éveille.. Un autre jour parcourt au front des maisons leurs songes de pierre et de verre. Et l'homme entend frémir et se reformer la plainte unanime des âges, où nage le thème de sa vie qui chante, lasse de refléter les ciels et les terres...

7

La vie tournait dans son passé, dans sa musique
et dans sa joie. Sur la plage on voyait briller tous
les aimés, tous les disciples attentifs. Debout, la
figure penchée vers ce qui arrive, avec des fleurs
et des ombrelles ! Oh ! Tous les espoirs formaient
le cercle, à plein cœur, dans les pays blonds tressés
tout autour et blanchis des villas où se reposaient
les peines... Les voiles des vaisseaux gonflaient
leurs joues blanches... On n'était séparé de l'immense Amour et de la Mort que par des premiers
plans noirs d'étranges visages, des villes, des
jardins sombres remplis de détritus où des corne-
museux faisaient danser des spectres, des caves,
des casiers où mangeaient les souvenirs, un
comique nasillard, une vieille femme accroupie
en bonnet de paysanne, et l'homme des foules aux
yeux impurs et si tristes !.. Et tout bataillait de
grands gestes, d'offrandes et de reprises, pour
venir buter à l'Irréfragable... Les passions tordaient

leurs cariatides. Les fleurs des yeux souvent balancées adoucissaient seules les formes poignantes, les formes sombres.. Et tout un bouquet de noms propres, qui parfumaient l'air de leur intimité si vieille, partaient et chantaient comme un lâcher d'oiseaux !

Les lampes du soir vinrent dire leur fable l'une après l'autre.. Nos groupes marchaient et souffraient sur un grand ciel rouge. On vint fermer des grilles d'or.. Le sommeil jetait ses pavots d'honneur et la Mort donnait des acomptes...

Nous autres, friands de l'odeur d'un parc, nous nous obstinions à y pourchasser la bête du Bonheur.. La bête infidèle aimée dès l'enfance..

Et les hautes maisons haussaient les épaules, toutes noires...

1905

TABLE

TABLE DES MATIÈRES

ÉDITIONS DE LA

NOUVELLE REVUE FRANCAISE

———

VOLUMES IN-8 COURONNE 3 fr. 50

PAUL CLAUDEL : L'OTAGE
>Drame en trois actes.

CH.-L. PHILIPPE : LA MÈRE ET L'ENFANT
>Édition conforme au premier manuscrit.

>LETTRES DE JEUNESSE
>— à Henri Vandeputte —

ANDRÉ GIDE : ISABELLE
>Récit.

J. COPEAU ET J. CROUÉ : LES FRÈRES KARAMAZOV
>Drame en cinq actes d'après DOSTOIEVSKY.

HENRI GHÉON : NOS DIRECTIONS
>Réalisme et Poésie. — Notes sur le Drame poétique.
>— Du Classicisme. — Sur le vers libre, etc.)

>LE PAIN
>Tragédie populaire en quatre actes et cinq tableaux,
>représentée au Théâtre des Arts.

G. K. CHESTERTON : LE NOMMÉ JEUDI — UN CAU-
CHEMAR.
>Traduit de l'anglais par JEAN FLORENCE.

JEAN SCHLUMBERGER : L'INQUIÈTE PATERNITÉ

JACQUES RIVIÈRE : ÉTUDES
>(Baudelaire, Paul Claudel, André Gide, Ingres, Cé-
>zanne, Gauguin, Rameau, Bach, Franck, Wagner,
>Moussorgsky, Debussy, etc.)

Friedrich Hebbel : JUDITH

Tragédie en cinq actes, traduite de l'allemand par Gaston Gallimard et Pierre de Lanux.

Jean Richard Bloch : LÉVY. Premier Livre de Contes.

VOLUME IN-8 TELLIÈRE 5 fr.

André Gide : ISABELLE

Première édition sur vergé d'Arches, tirée à 500 ex.

VOLUME IN-8 COURONNE 2 fr. 50

Saintléger Léger : ÉLOGES.

Coventry Patmore : POÈMES

Traduction de Paul Claudel, précédée d'une étude sur Coventry Patmore par Valery Larbaud.

POUR PARAITRE PROCHAINEMENT :

VOLUMES IN-8 COURONNE 3 fr. 50

Francis Vielé-Griffin : LA LUMIÈRE DE GRÈCE

Jean Schlumberger : LA MORT DE SPARTE

Pièce en 4 actes, représentée au Théâtre National de l'Odéon.

Paul Claudel : L'ANNONCE FAITE A MARIE

Mystère en quatre actes et un prologue.

Jules Iehl : CAUËT

André Gide : LE RETOUR DE L'ENFANT PRODIGUE. Précédé de Cinq autres Traités.

Pierre Hamp : LE RAIL.

LA
NOUVELLE REVUE FRANÇAISE

PUBLIE CHAQUE MOIS :

Un article de critique générale — des vers — un essai ou une nouvelle — un article de discussion — un roman — des chroniques régulières — des "Notes", courts articles de critique, rédigés par les collaborateurs de la revue, sur les manifestations littéraires ou artistiques qui leur paraissent les plus essentielles.

———

Fondée par un groupe d'écrivains que rapprochent de communes tendances, la NOUVELLE REVUE FRANÇAISE a vu venir à elle, dans le cours de ses quatre premières années, des esprits de plus en plus divers, mais également soucieux d'une discipline.

———

LA
NOUVELLE REVUE FRANÇAISE

A PUBLIÉ :

DES ROMANS de : André Gide, Valery Larbaud, Charles-Louis Philippe, Henri Bachelin, Jean Giraudoux, Edouard Ducoté, André Ruyters, Jules Iehl.

DES NOUVELLES de : Lucien Jean, Edmond Pilon, Edmond Jaloux, Jean Schlumberger, Jean Richard Bloch.

DES POÈMES de : Paul Claudel, Emile Verhaeren, Comtesse de Noailles, Henri de Régnier, Francis Jammes, Henri Ghéon, Charles Vildrac, Georges Duhamel, Georges Chennevière, etc.

DES DRAMES de : Paul Claudel.

DES ARTICLES DE CRITIQUE, ESSAIS, SOUVENIRS de : Francis Vielé-Griffin, Comtesse de Noailles, Marguerite Audoux, Charles-Louis Philippe (journal de la vingtième année), Jules Romains, Michel Arnauld, Jacques Copeau, Jean Schlumberger, Henri Ghéon, etc.

———

IL EST ENVOYÉ UN NUMÉRO SPÉCIMEN A QUICONQUE EN FAIT LA DEMANDE.

ACHEVÉ D'IMPRIMER LE QUINZE
MARS MIL NEUF CENT DOUZE PAR
"THE ST. CATHERINE PRESS LTD."
QUAI ST. PIERRE, BRUGES BELGIQUE